AF233867

# DISCOURS

PRONONCÉ

# PAR M. BUFFET

## REPRÉSENTANT DU PEUPLE

### (VOSGES)

DANS LA DISCUSSION
SUR LA PREMIÈRE DÉLIBÉRATION SUR LES PROPOSITIONS
DE MM. DUFOURNEL ET LESTIBOUDOIS,
RELATIVES AUX SOCIÉTÉS DE SECOURS MUTUELS
ET A LA CRÉATION
D'UNE CAISSE GÉNÉRALE DE PENSIONS DE RETRAITE.

Séance du 12 novembre 1849.

MESSIEURS,

Je ne me propose pas d'entamer, avec l'honorable préopinant, une discussion sur le sens et la portée des textes de l'Écriture et des opinions des Pères de l'Eglise.

En matière théologique, je ne reconnais ni la compétence de l'honorable préopinant ni la mienne, et vous me permettrez, messieurs, d'ajouter : ni la vôtre. (Très-bien ! très-bien.)

Je ne ferai, sur cette partie du discours de M. Pelletier, qu'une réflexion qui a été déjà, je crois, formulée à cette tribune, c'est qu'il était réservé à des hommes de notre temps d'infliger à la religion une nouvelle insulte, de lui causer une nouvelle affliction, en cherchant à la rendre solidaire de ces doctrines détestables et subversives, que sa mission et sa gloire ont été précisément de combattre dans tous les temps. (Vive approbation sur les bancs de la majorité.)

**M. CHARRAS,** *de sa place.* Renvoyé à M. Carlier ! (Mouvements divers.)

**M. BUFFET.** De ces doctrines dont elle a été partout et toujours la plus irréconciliable et la plus formidable ennemie.

Je ferai remarquer d'ailleurs que les Pères de l'Eglise... (Interruption) dans les passages qu'on a cités, et je laisse à l'honorable M. Pelletier la responsabilité de l'exactitude de la citation que je n'ai point vérifiée ; dans ces passages, les Pères de l'Eglise proclamaient des devoirs, ils ne proclamaient pas des droits (Approbation à droite) ; ils s'adressaient à la conscience des fidèles, et non à l'autorité publique ; ils n'avaient pas à leur service un pouvoir législatif pour mettre l'impôt à la place de la charité, ni des garnisaires pour contraindre les récalcitrants. (Nouvelle approbation à droite.)

Je ne suivrai pas non plus l'honorable préopinant dans toutes les questions qu'il s'est plû à agiter à propos du projet qui nous est soumis. Nous voulons, messieurs, arriver à un résultat ; on nous apporte un projet nettement formulé en articles, et, au lieu de le discuter, on agite à ce propos tous les systèmes, toutes les conceptions les plus excentriques, celles même qui ont été déjà tant de fois débattues et réfutées à cette tribune ; je ne crois pas que ce soit là le meilleur moyen de faire quelque chose d'utile.

Pour moi, messieurs, je veux me renfermer dans l'examen du projet qui nous est présenté, en discuter les principes, et démontrer que ces principes sont acceptables.

Je ne suis pas de ceux qui pensent que le projet est irréprochable sur tous les points, dans tous ses détails. Je ne suis pas non plus de ceux qui attendent de son application les résultats immenses que certains esprits paraissent entrevoir. Non, j'approuve ce projet parce qu'il réalisera, suivant moi, un bien limité sans doute, mais réel. Je l'approuve parce qu'il réalisera ce bien sans porter aucune atteinte à ces principes essentiels, qu'il importe plus que jamais de maintenir rigoureusement. (Très-bien!) Je l'approuve enfin précisément parce qu'il n'a point la prétention de résoudre le problème humanitaire, pour parler le jargon ridicule du temps.

*A droite.* Très-bien! très-bien!

**M. BUFFET.** Et pour mon compte, je suis en systématique défiance à l'égard de tous les projets qui se proposent de résoudre *le problème humanitaire.*

On a adressé au projet de loi plusieurs reproches. Je ferai remarquer à l'Assemblée, que pour trouver un adversaire du projet, tel que la commission le présente, je suis obligé de passer par-dessus M. Pelletier, pour aller rencontrer M. Lestiboudois, car M. Pelletier a critiqué quelques-unes des considérations du rapport.....

**M. BENOIST D'AZY.** Il a critiqué le rapporteur.

**M. BUFFET.** Mais il n'a pas attaqué le projet de loi, il a lu au contraire une délibération de la chambre de commerce de Lyon, qui expose, de la manière la plus lucide, les inconvénients du système opposé à celui de la commission et les avantages que présente celui-là.

Mais je répondrai à M. Lestiboudois. M. Lestiboudois m'a paru diriger contre le projet de loi trois critiques principales:

La première, de laisser facultative, de ne pas rendre obligatoire l'épargne qui doit alimenter la caisse des retraites;

La seconde, de ne pas exiger le concours pécuniaire du patron;

Et la troisième, de renvoyer à une époque trop éloignée le

moment où les bienfaits de l'institution pourront se faire sentir à la classe laborieuse.

Voilà, si je ne me trompe, les objections les plus sécieuses que l'honorable M. Lestiboudois a faites contre le projet.

Permettez-moi d'écarter d'abord les deux dernières.

On a dit que le projet avait le tort de n'exiger aucun concours pécuniaire des patrons. Quant à moi, je suis parfaitement convaincu que le concours pécuniaire et forcé du patron est pour l'ouvrier une véritable déception, un bienfait mensonger. Je suis convaincu que la contribution forcée du patron serait nécessairement reprise sur le salaire de l'ouvrier, quand bien même le patron ne le voudrait pas.

J'ai eu, messieurs, dans une autre circonstance, parlant devant une autre assemblée, l'occasion d'établir ce que, au surplus, bien d'autres avaient établi avant moi, que le salaire est réglé par des lois que les législateurs humains n'ont point faites et qu'ils ne peuvent pas amender ; que, dès-lors, toute mesure par laquelle on décréterait l'élévation des salaires serait une mesure illusoire. Or, il est évident que le salaire se compose de tous les avantages qui sont faits à l'ouvrier par le patron, en échange de son travail; et si la loi de l'offre et de la demande, la loi de la concurrence fixant par hypothèse le salaire de tel ouvrier à 3 fr., vous décrétiez qu'indépendamment de ce salaire le patron devra verser pour lui une certaine contribution à la caisse de retraite, comme vous ne pouvez pas décréter la fixité de ce salaire de 3 fr., et que c'est la loi de la concurrence qui a déterminé ce taux, il est clair, que la contribution du patron serait prise sur le salaire de l'ouvrier, comme celle que ce dernier verserait directement. (C'est vrai ! c'est parfaitement évident.)

On a dit ensuite que le projet de loi ajournait à une époque trop éloignée les bienfaits de l'institution. Eh bien, messieurs, cela est une erreur.

D'après le tarif qui est annexé à la loi, on peut acheter à tout âge une rente viagère, on peut se constituer à tout âge une pension de retraite. Seulement, moins la rente que l'on achète est différée, c'est-à-dire moins l'époque où la pension sera exigible est éloignée du moment où se fait le versement, moins la pension sera élevée comparativement au montant du dépôt; il faudra payer plus pour obtenir une rente égale, lorsqu'on s'y prendra plus tard, attendu que les derniers déposants ne peuvent pas profiter autant que les premiers de l'accumulation des intérêts composés et des chances de mortalité. Il est donc certain que vous pourrez, d'après le projet, acheter à tout âge une rente viagère : seulement je le répète vous serez obligés de la payer plus cher si vous l'achetez plus tard ; il n'y a rien là qui ne soit conforme à la raison et à l'équité.

Ces deux objections écartées, j'arrive à la plus grosse question que soulève ce projet, à celle qui divise le plus les esprits. L'épargne destinée à alimenter la caisse des retraites sera-t-elle obligatoire? demeurera-t-elle facultative? Il est parfaitement évident pour moi que la retenue obligatoire est la violation, la violation la plus formelle du droit de propriété; qu'elle est contraire à l'intérêt bien compris de l'immense majorité, je dirai même de l'universalité des travailleurs, et, enfin, qu'elle est impraticable.

Messieurs, j'ai entendu dire souvent que l'on abusait étrangement de ce reproche de communisme, de socialisme; qu'on faisait de cette objection une fin de non-recevoir contre toutes les améliorations, un moyen banal de les écarter; c'est même ce que disait tout à l'heure, si je ne me trompe, l'honorable préopinant. Eh bien, je m'adresse à la raison, à la raison calme, au bon sens de tous les membres de cette Assemblée, et je leur demande si la retenue obligatoire n'est pas la violation de la propriété. Vous allez le voir. (Marques de dénégation au banc de la commission.)

Vous dites non, je crois pouvoir le démontrer. On dit que l'intérêt, le devoir même de l'ouvrier est de se ménager dans l'âge de la force des ressources pour la vieillesse. Nous sommes tous sur ce point du même avis.

On ajoute, et sur ce point déjà les opinions peuvent se diviser, que le moyen le meilleur, le mieux conçu pour arriver à ce résultat d'assurer quelque aisance à l'ouvrier pendant sa vieillesse, c'est qu'il place ses économies dans une caisse que vous appelez la caisse de retraite, qui ne laissera pas ses épargnes à sa disposition, comme le fait la caisse d'épargne; qui ne remboursera le capital qu'à ses héritiers; mais qui lui servira, à partir d'un certain âge, une pension proportionnée aux dépôts qu'il aura faits.

On va plus loin, on prétend que l'ouvrier, manquant souvent de prévoyance, n'ayant pas toujours une intelligence suffisante de ses vrais intérêts, ou bien ne possédant pas la force de volonté nécessaire pour agir conformément à ces intérêts, quand il les comprend, il faut le contraindre; c'est-à-dire, messieurs, qu'on vous propose de vous arroger le droit de déterminer obligativement l'usage, l'emploi qu'une certaine classe de citoyens devra faire pour son avantage propre, d'une portion de son revenu.

Tout le monde aura la libre et complète disposition de sa fortune ; le propriétaire, le capitaliste, l'industriel, pourront faire ce qu'ils voudront de leurs revenus; ils pourront les consommer entièrement dans les dépenses les plus frivoles, les plus improductives, les plus préjudiciables à eux et à leur familles; mais il y aura dans l'Etat une classe ( et remarquez qu'ici, messieurs, je n'emploie plus cette expression pour le besoin du langage, je l'emploie dans le sens le plus rigoureux du mot) une classe qui ne jouira pas de cette faculté.

Oui, messieurs, par les retenues obligatoires, vous aurez constitué dans l'Etat une classe légalement définie, une classe à laquelle vous imposerez des obligations particulières qui ne pèseront pas sur les autres, une classe qui n'aura pas la pleine propriété, mais une propriété restreinte, réduite et violée en un point par le législateur. (Vive approbation à droite.) Voilà ce que vous aurez fait : vous aurez violé les deux principes les plus essentiels de votre constitution, l'égalité et la propriété. (Nouvelle approbation.)

*Une voix.* Et les garçons de recette !

**M. BUFFET.** Mais, messieurs, avez-vous bien calculé toutes les conséquences du principe que vous aurez ainsi établi ? vous aurez déclaré que le législateur peut substituer sa prévoyance à celle des individus, à ce point d'attribuer à l'Etat le droit d'administrer, de gérer une portion de la fortune d'une certaine classe de citoyens. Vous aurez dit il faut que l'ouvrier ait une retraite. Or, l'ouvrier ne s'en procurera pas une si on ne l'y contraint ; donc il faut que l'Etat retienne pour cet objet u ne partie de son salaire. Mais on vous dira : « Est-ce que c'est là la seule nécessité de l'ouvrier, est-ce que c'est là le seul besoin auquel sa prévoyance personnelle ne lui apprend pas toujours à pourvoir ? Est-ce qu'il u'y a pas des ouvriers qui consomment le lundi dans les cabarets le salaire de toute la semaine, au risque de priver leur famille de pain, de vêtements, de bois, de tout ce qui lui est le plus nécessaire. Après avoir fait à l'ouvrier une première retenue pour sa vieillese, ne faudra-t-il pas en faire une seconde pour subvenir aussi à ces nécessités non moins impérieuses ? Après lui avoir ainsi, pour un besoin qui vous préoccupe aujourd'hui, enlevé le vingtième ou le dixième de son salaire, ne vous proposera-t-on pas demain de lui prendre le tiers, la moitié, les trois quarts, afin de satisfaire plus sûrement à d'autres besoins pour lesquels sa prévoyance personnelle ne ménage souvent aucune ressource ? Je pourrais aller plus loin encore sans pousser la logique à l'excès, je pourrais vous dire : Quand vous aurez fait cela pour les ouvriers vous pourrez le faire pour d'autres classes de la société.

*Une voix.* Et les employés du Gouvernement!

M. BUFFET. On l'a déjà demandé, je ne suppose rien; il y a des hommes sérieux qui ont formulé des proprositions qui tendraient précisément à ce résultat. On a dit que le propriétaire n'emploie pas toujours de la manière la plus utile ses revenus, qu'il ne fait souvent aucune amélioration dans ses propriétés, qu'il consacre son argent à des dépenses frivoles; on a demandé que le fermier fût autorisé à exiger du propriétaire le remboursement des sommes qu'il aura dépensées en amélioration, et qu'il pût forcer ainsi le propriétaire à consacrer une part de son revenu à des améliorations quand bien même celui-ci ne l'aurait pas voulu.

Vous me répondrez, peut-être, que vous ne vous piquerez pas d'être logiques et conséquents, que vous faites une dérogation au principe, mais que vous saurez la restreindre. Mais qui vous répond, messieurs, que d'autres ne seront pas plus hardis que vous, et que quand vous aurez porté un premier coup de sape à cette base jusqu'à présent si solide, à ce roc jusqu'ici sans fissure sur lequel repose la société, d'autres ne viendront, pas plus hardis, bouleverser de fond en comble l'édifice dont vous aurez ébranlé les fondements ? (Vif assentiment sur les bancs de la majorité.)

Je vais plus loin; je laisse de côté cette question de principe, cette objection qui cependant me paraît radicale. Je ne me préoccupe, pour un instant, que de l'intérêt exclusif de l'ouvrier, non pas même de cet intérêt élevé, moral qui est lié pour lui à la conservation de la liberté et de l'égalité; mais de son intérêt le plus positif, le plus matériel, et je soutiens qu'à ce point de vue encore la retenue obligatoire doit être repoussée.

En effet, les partisans de la retenue obligatoire se placent nécessairement dans cette hypothèse, que la caisse des retraites est une institution bonne pour tous les ouvriers.

Eh bien, c'est là, à mon sens, une très-grande erreur. Je

remarque, et ceci explique l'erreur dans laquelle ils sont tombés, je remarque que les partisans les plus considérables, les plus accrédités de la retenue obligatoire sont des hommes qui ont eu surtout sous les yeux, qui ont surtout pratiqué une catégorie particulière d'ouvriers, catégorie très-intéressante sans doute, mais enfin qui n'est pas la plus nombreuse, à beaucoup près, les ouvriers des manufactures, des grandes usines.

*Plusieurs membres.* C'est cela ! c'est cela !

**M. BUFFET.** C'est qu'en effet, messieurs, pour les ouvriers des manufactures, pour presque tous, la caisse de retraites sera une institution excellente. A mon avis, il est extrêmement désirable que tous ou presque tous ces ouvriers viennent y placer leurs épargnes. Pourquoi, messieurs? Parce que la condition, la destinée de la généralité, de la presque universalité des ouvriers des grandes usines, des grandes manufactures, c'est de rester ouvriers, de demeurer dans les ateliers jusqu'au jour où leurs membres, affaiblis par l'âge ou les infirmités, refuseront leurs services, et cela par une raison très-simple et que tout le monde aperçoit : dans les grandes usines, tandis que, d'une part, la division extrême du travail tend à rendre l'ouvrier moins propre à diriger lui-même une entreprise, d'une autre l'immensité des capitaux nécessaires pour fonder ces vastes établissements en met encore la création et l'exploitation moins à la portée de simples travailleurs.

Il est donc à peu près certain que l'ouvrier qui entre dans une manufacture restera ouvrier; il pourra monter quelques échelons, il pourra passer d'une position très-modeste à une position un peu plus élevée; mais, arrivé au grade de contre-maître, il trouvera entre sa situation et celle d'entrepreneur, une séparation profonde, et qu'un bien petit nombre, grâce à de rares facultés, à des circonstances exceptionnellement heureuses, parviendront à franchir.

Je viens d'en dire la raison. Il est donc naturel, et c'est même un devoir impérieux de chercher à assurer à ces ouvriers tous les avantages que comporte la condition dans laquelle vraisemblablement ils resteront presque tous. Eh bien, la caisse de retraite est parfaitement conçue pour cela.

Mais il y a d'autres catégories d'ouvriers ; il y a les ouvriers agricoles. Or, messieurs, quelle est l'ambition la plus générale, le désir parfois trop ardent, trop passionné de l'ouvrier des campagnes? quel est le désir, l'ambition des plus intelligents, des plus laborieux, des plus économes d'entre eux? C'est de devenir un jour propriétaires (C'est cela ! Très-bien !), c'est d'avoir un jour un coin de terre qui sera bien à eux, qu'ils laboureront avec amour, et pour la culture duquel leurs bras usés par l'âge retrouveront encore de la vigueur, des forces qu'ils n'auraient plus pour un travail salarié. (C'est vrai ! c'est vrai !)

Voilà, messieurs, quelle est l'ambition de l'ouvrier des campagnes. (Très-bien ! très-bien!) Viendrez-vous lui dire qu'il comprend mal son intérêt? qu'un placement en rentes viagères sur l'Etat vaut mieux pour lui qu'un placement en biens fonds, et que vous, législateurs, plus intelligents que lui, appréciant mieux que lui son propre intérêt, vous allez lui interdire l'emploi de ses épargnes qui lui agrée le plus ?

Le priverez-vous de cette perspective qui le charme, qui le soutient pendant toute sa vie de pénibles labeurs, qui l'excite au travail, à l'ordre, à l'économie? Evidemment vous commettriez ainsi l'acte le plus arbitraire, le plus exorbitant, le plus intolérable.

Il y a une troisième catégorie d'ouvriers : ce sont les ouvriers des petites industries, des industries peu agglomérées, de ces industries où il y a de petits ateliers composés de deux, de trois, de quatre ouvriers, de ces industries où, entre la situation du plus simple et du plus modeste ouvrier et celle du plus riche entrepreneur, il y a comme une chaîne non interrompue de situations intermédiaires qui permettent à l'ouvrier de s'élever peu à peu, plus ou moins haut, suivant son mérite, suivant l'énergie de son caractère, suivant aussi, sans doute, il faut le reconnaître, les circonstances plus ou moins favorables qui s'offriront à lui.

Eh bien, quel est l'intérêt de ces ouvriers? C'est évidemment d'avoir, à un moment où ils ne sont pas encore trop avancés dans la vie, d'avoir à leur disposition une petite somme d'argent avec laquelle ils pourront acheter quelques outils, des matières premières, avec laquelle ils pourront tenter une petite entreprise, puis une plus importante si la première réussit. Souvent la destinée d'un de ces ouvriers dépendra de cette circonstance, qu'il aura ou n'aura pas, à une certaine époque, une petite somme d'argent à sa disposition.

Imposerez-vous votre retenue obligatoire à ces ouvriers qui aspirent à devenir de petits, puis ensuite peut-être de grands entrepreneurs, et c'est une ambition qui, comme le démontrait M. Charles Dupin, dans le sein de la commission, avec des chiffres qu'il reproduira, je l'espère, à la tribune (Rumeurs à gauche), c'est une ambition qui, dans ces petites industries, est très-souvent satisfaite. Chacun de nous peut connaître un certain nombre de ces ouvriers qui sont devenus maîtres, et M. Charles Dupin nous a prouvé que la proportion de ces ouvriers était très-considérable.

**M. CUNIN-GRIDAINE.** Il y a beaucoup d'ouvriers dans les fabriques, qui sont également devenus patrons.

**M. BUFFET.** M. Cunin-Gridaine me répond : Il y a un grand nombre des ouvriers de nos fabriques, qui sont devenus maîtres. Je suis loin de le contester, je sais très-bien que cela est ainsi; je sais très-bien qu'il y a un certain nombre de chefs des grandes industries qui ont commencé par être ouvriers; je ne soutiens pas qu'on ne puisse devenir chef d'une grande usine quand on a été ouvrier; mais, en supposant même que tous les chefs de la grande industrie aient été ouvriers, si vous comparez leur nombre à celui des ouvriers qu'ils emploient, vous trouverez qu'en définitive la proportion est bien faible.

Il n'en est pas ainsi pour les petites industries : il y a une foule d'ouvriers qui, arrivés à un certain moment de leur vie, ayant quelques économies, prennent un ouvrier, puis deux, puis trois; c'est là l'histoire de presque tous les petits industriels à Paris et ailleurs.

Eh bien, qu'arrivera-t-il si, au moment où un ouvrier commence ses épargnes, vous allez les lui enlever, en lui promettant, en retour, de lui constituer, à un certain âge, une pension de retraite? Il vous dira : Mais ma retraite, c'est la petite fortune que je commence; c'est l'établissement que j'espère fonder; vous voulez m'assurer une retraite; mais à quelle condition ? à condition que vous commencerez par m'enlever les moyens d'améliorer ma position, de m'élever dans ma carrière; vous m'assurez des avantages dans ma condition d'ouvrier, mais vous faites qu'il me soit plus difficile d'en sortir; vous constituez pour l'ouvrier, et autant qu'il dépend de vous, une classe fermée; vous faites ainsi obstacle à ce mouvement de légitime ascension qui fait la vie, la santé du corps social. Cet ouvrier repoussera votre prétendu présent, le prétendu bienfait de la retenue obligatoire, et il aura raison. (Mouvements divers.)

Messieurs, on vous a dit que si l'on repoussait la retenue obligatoire, que si l'on s'en tenait aux dispositions du projet présenté par la commission, on n'aurait absolument rien fait pour les ouvriers; que ce serait une loi inefficace.

Je ne suis pas du tout de cet avis. Il y a aujourd'hui beaucoup de personnes, beaucoup d'ouvriers qui désirent se constituer une pension de retraite ; quels moyens leurs sont offerts pour atteindre à ce but ? Il y a des sociétés d'assurances sur la vie, et il y a des sociétés tontinières. D'abord, ces sociétés étant constituées dans un but de spéculation, de spéculation légitime sans doute, mais enfin dans un but de spéculation, ne peuvent pas leur faire les mêmes avantages que leur fait le projet de loi. Remarquez, en outre, que, quand on place ses épargnes dans une de ces sociétés, il faut avoir une entière confiance dans la solvabilité de la compagnie, non pas seulement dans sa solvabilité actuelle, mais dans sa solvabilité future pour un laps de vingt, de trente ans, et dans la probité de sa gestion. Il est certain qu'il y a peu de personnes qui aient cette confiance, et que malheureusement certains faits rares, sans doute, mais trop réels, sont venus justifier les appréhensions, les craintes et les soupçons que les ouvriers qui seraient disposés à se constituer des pensions de retraite, peuvent concevoir à l'endroit des sociétés tontinières.

Dans le système du projet, au contraire, l'ouvrier n'aura rien à craindre pour ses épargnes, il sera certain que le capital en sera fidèlement remboursé à ses héritiers, et que la pension de retraite lui sera servie, conformément aux tarifs annexés à la loi.

Il y aura donc là pour l'ouvrier un grand stimulant, un stimulant à la prévoyance. Eh bien, c'est sa prévoyance surtout que je veux développer ; c'est cette grande vertu, cette vertu si nécessaire, que nous devons travailler à lui donner, et nous ne devons pas adopter une mesure qui, au lieu de l'exciter à être prévoyant, aurait précisément pour effet de le dispenser de le devenir; vous appelleriez cela une loi de prévoyance, moi je l'appellerais une loi d'imprévoyance. (Trèsbien ! très-bien !)

Messieurs, vous êtes, remarquez-le bien, dans cette question comme dans beaucoup d'autres, vous êtes placés entre deux systèmes parfaitement différents, le système de la liberté avec ses inconvénients sans doute, avec ses dangers, avec cette responsabilité qu'il fait peser sur chacun ; cette responsabilité qui fait sentir à chaque homme qu'il recevra, suivant ses œuvres, que c'est à lui à faire sa destinée; et cet autre système, qui ne se trouve entier et complet que dans l'esclavage, qui dispense l'homme de tous les soucis, de tous les soins et de toutes les préoccupations de l'homme libre; qui lui assure, quand le maître est humain, certains avantages matériels, mais qui les lui assure au prix de sa liberté, de sa dignité et du sacrifice de ses facultés les plus nobles. (Vive approbation à droite.)

Eh bien, vous avez à choisir ici, comme toujours, entre ces deux systèmes, ou plutôt vous n'avez pas le choix. Vous avez choisi quand vous avez, ou plutôt quand vos pères, car Dieu merci, la liberté en France ne date pas d'aujourd'hui, quand vos pères ont demandé pour ce pays, un gouvernement libre, quand ils ont revendiqué et conquis la liberté politique; ce jour-là, ils ont fait leur choix, même en ce qui concerne la liberté du travail. (Très-bien!)

Je sais très-bien que certains partis disent au peuple : «Vous êtes toute sagesse, toute intelligence, toute infaillibilité lorsqu'il s'agit de prononcer sur les questions politiques, sur les plus grands intérêts de l'Etat, sur ces problèmes devant lesquels recule souvent l'intelligence exercée des plus grands hommes; vous, ouvriers, vous êtes capables de résoudre tous ces problèmes, mais vous êtes incapables de diriger votre maison, de soigner votre ménage. » Je comprends parfaitement ce langage chez ceux qui le tiennent; ils veulent réaliser ainsi non pas la liberté vraie, mais une liberté inculte, ignorante, révolutionnaire; ils veulent un peuple couronné, mais incapable de se servir de la liberté, et disposé à remettre l'exercice de sa souveraineté aux flatteurs, aux courtisans qui se présenteront comme ses seuls amis, ses vrais représentants. (Nouvelle approbation à droite.) Je ne l'entends pas ainsi, messieurs; je crois qu'il ne suffit pas, pour qu'un peuple soit libre, d'écrire la liberté dans ses codes; il ne suffit pas même que ce peuple veuille énergiquement être libre, il faut aussi qu'il ait acquis à la longue, par l'expérience, cet art si difficile mais si nécessaire de la liberté. Et comment l'acquerra-t-il cet art de la liberté sans lequel nos institutions seraient une lettre morte, sans lequel elles seraient les plus mauvaises de toutes ; comment acquerra-t-il ce grand art de la liberté ? Il l'acquerra par la liberté civile, par la liberté du travail, en apprenant d'abord à faire ses affaires privées, celles qui tombent le plus sous ses sens, qui sont le plus rapprochées de lui ; il s'élèvera ensuite peu à peu à l'intelligence des affaires de sa commune, de son département, et il arrivera ainsi à choisir avec plus de discernement ses représentants qui viendront constitu l'Etat. (Très-bien ! très-bien !)

Voilà, messieurs, comment la liberté vraie s'établit, se développe et se conserve. Voilà comment elle a été établie, et comment elle est pratiquée en Angleterre et en Amérique, dans ces pays où cette admirable et forte race anglo-saxonne (légère rumeur à gauche) a donné cet incomparable spectacle au monde, d'un peuple se gouvernant lui-même.

Réussirons-nous, messieurs, à fonder en France la vraie liberté, la liberté qui n'est pas un vain mot, mais qui est l'intervention sérieuse et éclairée de la nation dans les affaires publiques ?

Je le désire ardemment, je l'espère, je n'en suis pas assuré, mais ce que je sais certainement, c'est que notre devoir et notre honneur nous obligent à le tenter. (Vives et nombreuses marques d'approbation sur les bancs de la droite et du centre.)

EXTRAIT DU MONITEUR UNIVERSEL
du 15 novembre 1849.

Typographie PANCKOUCKE, rue des Poitevins, 6.